UNIVERSITÉ CATHOLIQUE DE PARIS

FACULTÉ DES LETTRES

LEÇON D'OUVERTURE

DU

COURS D'HISTOIRE DE FRANCE

PROFESSÉ PAR

M. LECOY DE LA MARCHE

ARCHIVISTE-PALÉOGRAPHE
LAURÉAT DE L'INSTITUT

PARIS

LIBRAIRIE POUSSIELGUE FRÈRES

RUE CASSETTE, N° 27

M DCCC LXXVII

LEÇON D'OUVERTURE

DU

COURS D'HISTOIRE DE FRANCE

UNIVERSITÉ CATHOLIQUE DE PARIS

FACULTÉ DES LETTRES

LEÇON D'OUVERTURE

DU

COURS D'HISTOIRE DE FRANCE

PROFESSÉ PAR

M. LECOY DE LA MARCHE

ARCHIVISTE-PALÉOGRAPHE
LAURÉAT DE L'INSTITUT

PARIS
LIBRAIRIE POUSSIELGUE FRÈRES
RUE CASSETTE, N° 27

M DCCC LXXVII

Messieurs,

Dieu, qui a fait la famille, a fait aussi la patrie. Pour lui rendre moins amer son séjour ici-bas, il a voulu que l'homme s'attachât non-seulement aux êtres animés qui l'entourent, mais encore au sol où ses pères ont vécu, où lui-même a vu le jour. Aussi, dès que l'espèce humaine se multiplie, la voyons-nous se disperser, par la volonté du Ciel, et chacune de ses grandes fractions adopter une contrée particulière où sa postérité sera chez elle. Quand le Seigneur se choisit un peuple, une race privilégiée, pour lui confier l'entretien de la lumière crépusculaire accordée au matin du monde en attendant le lever du soleil de vérité, il lui promet en récompense un pays à posséder, une terre à aimer et à cultiver. « Je donnerai cette région à vos enfants, » dit-il à Abraham en la lui montrant d'avance. Et depuis lors les patriarches et leurs descendants ne soupirent plus qu'après la *Terre promise*.

Telle est l'origine antique et sacrée de ce noble sentiment qu'on appelle l'amour de la patrie, sentiment que les païens eux-mêmes ont si hautement professé, et qu'un de leurs poëtes a heureusement rendu :

> Nescio qua natale solum dulcedine cunctos
> Ducit, et immemores non sinit esse suî [1].

Et le résultat presque immédiat de cet amour, c'est l'enfantement de l'histoire nationale, la première de toutes les histoires par rang de naissance. Qu'est-ce, en effet, que les plus anciens livres des Hébreux, sinon des annales dictées par un patriotisme inspiré ? Qu'est-ce que les productions primitives de la littérature profane, sinon des récits d'histoire locale, plus ou moins embellis par le mythe ou la légende ? Homère lui-même, s'il n'est pas un historien, croit l'être ou passe pour tel : il raconte les exploits d'une race, il chante les défenseurs d'une nationalité.

Mais ici, Messieurs, commence le danger. La passion de la patrie a, comme toute passion, ses excès, ses déviations inévitables. Lorsqu'elle n'est pas contenue par l'instinct de la justice, par l'amour de l'humanité, par la notion d'une patrie céleste commune à tous les peuples et à tous les individus, elle engendre l'exagération d'abord, puis la partialité, puis la fausseté, et la pire de toutes les faussetés, celle qui a conscience d'elle-même. C'est là l'écueil où vient se heurter l'antiquité païenne. Entraînée par l'admiration de ses héros, éprise de sa propre gloire, la Grèce ne connaît guère pour historiens que des panégyristes, exaltant à l'envi sa puissance, ses conquêtes, ses grands hommes, souvent bien petits, haïssant et rabaissant tout ce qui appartient aux autres nations, qu'elle traite dédaigneusement de barbares. La Grèce, en outre, a par-dessus tout le culte du beau, l'a-

---

[1] Ovide.

mour de la forme; elle produit des artistes merveilleux, des écrivains d'une élégance inimitable; elle considère tout au point de vue artistique : elle est donc amenée à faire de l'histoire non une science, mais un art. Vous sentez la différence. Tout est sacrifié à l'effet, au lieu de l'être à la vérité. Qu'importe que nos historiens manquent de critique, de conscience même, pourvu que leurs narrations flattent notre amour-propre et que leurs périodes bien arrondies charment notre oreille délicate? Ainsi devaient parler les Grecs; car leurs annales ne sont ordinairement que des poëmes en prose, dont les auteurs subissent l'influence toute-puissante de l'épopée homérique. Hérodote ne fait pas exception, malgré ses recherches et ses voyages lointains; et si Thucydide se montre moins flatteur que les autres pour ses compatriotes, c'est que leur ingratitude et l'exil ont quelque peu refroidi son enthousiasme. Cela ne l'empêche pas, d'ailleurs, de farcir ses récits d'une quantité de harangues de son invention, qui serviront de modèles à Démosthène et plus tard à Tite-Live. Il faut que ce caractère dominant des annalistes grecs ait été bien saillant, puisque les Romains eux-mêmes, malgré leur admiration, refusent de les croire sur parole et rejettent avec scepticisme

> Quidquid Græcia mendax
> Audet in historiis [1].

Pourtant, voyons-nous autre chose chez ces derniers? Cicéron nous dit bien que l'histoire ne doit rien avancer de faux, rien dissimuler de vrai. Mais que ne trouve-t-on pas dans Cicéron, avec un peu de bonne volonté? Lorsqu'il faut descendre de la théorie à la pratique, sa doctrine change singulièrement. Savez-vous ce qu'il écrit à

[1] Juvénal.

Lucceius, à la nouvelle que celui-ci entreprend de retracer les événements de son temps? Il lui demande sans vergogne de le couvrir de fleurs, de ne pas s'arrêter aux lois de la stricte exactitude, et d'accorder à l'amitié plus que ne permettrait la vérité [1]. C'est un trait qui peint l'homme ; mais cet homme n'est nullement inférieur, en fait de morale, à ses concitoyens ; bien au contraire. La plupart des Romains imitent trop servilement leurs devanciers pour ne pas donner dans le même travers qu'eux. Depuis la conquête de la Grèce surtout, on n'entend plus à Rome que des dithyrambes en l'honneur des illustrations romaines, des armes romaines, de la grandeur romaine, le tout dans le goût hellénique ; car, phénomène curieux, les vaincus imposent aux vainqueurs leur mode et leur ton. L'on connaît à peu près aujourd'hui la valeur historique des bulletins de victoire de César, des admirables tableaux de Salluste, des discours savants de Tite-Live. La vérité s'y trouve si artistement combinée avec le mensonge, qu'il est très-difficile d'établir la proportion de l'un et de l'autre ; mais on en sait assez pour juger du caractère général de ces compositions. En résumé, comme l'a dit Ozanam, toute l'histoire antique a pour objet l'apothéose d'un peuple. Elle intéresse, elle séduit, mais elle n'a pas cet accent sincère qui impose la conviction. Elle atteint aisément le beau, un beau relatif toutefois, car la beauté de la forme ne suffit pas ; elle n'arrive point au beau absolu, parce qu'il lui manque le sens du bon et du vrai, qualité qu'il était réservé au christianisme de faire germer dans l'âme humaine.

L'histoire nationale, telle que la comprenait le paganisme, tombe avec l'empire romain. Nous ne la verrons

---

[1] Livre V. lettre 12.

reparaître chez aucun peuple, car une révolution profonde a transformé les esprits. L'Évangile a paru, et cette simple narration des actions de l'Homme-Dieu a ouvert une ère nouvelle, comme un autre récit, celui de la Genèse, avait inauguré le monde hébraïque. Aux premiers siècles de l'Église, si la critique historique n'est pas encore née, l'idée chrétienne a déjà considérablement agrandi le domaine étroit et l'horizon borné des annalistes. Les hommes ne se contentent plus de connaître ce qui regarde leur petit coin de terre; ils voient plus loin et de plus haut. Ils savent désormais qu'ils ont une autre patrie; ils appartiennent à une société beaucoup plus vaste que leurs nationalités respectives; ils comprennent que le monde ne doit pas se composer de peuples ennemis, de castes rivales toujours occupées à s'égorger. Ils ont un lien moral qui les réunit tous en une communauté de frères : ils s'intéressent donc aux faits et gestes de l'humanité entière, à ceux des chrétiens par esprit de famille, à ceux des païens dans une pensée de charité et de prosélytisme. Aussi les voit-on composer de préférence des histoires de l'Église ou des abrégés d'histoire universelle. L'amour de la vérité, l'amour du prochain illuminent en même temps leur génie; ils songent à donner à leurs écrits un but pratique, plus élevé que la satisfaction d'une vanité ou d'une curiosité futiles; ils cherchent le profit des âmes, et, dans cette préoccupation du bien, il leur arrive de perdre le souci du beau. Est-ce un malheur? Oui, sans doute; mais ce malheur est amplement compensé.

Voulez-vous, Messieurs, une preuve de cette transformation radicale? Ouvrez un des historiens les plus connus du IVe siècle, Sulpice Sévère, et lisez ce qu'il écrit dans une de ses préfaces : « La plupart des auteurs qui ont retracé la vie des personnages illustres ont eu pour but de s'illustrer eux-mêmes. Mais à quoi leur a servi cette gloriole périssable? Et quel profit la lecture des combats d'Hector ou des discussions de Socrate apporte-t-elle à la postérité, quand les imiter serait folie? Ces écrivains n'ont eu en vue que la vie présente; ils ont voué leur esprit aux fictions et leur âme au sépulcre. Mais le devoir de l'homme est de viser plutôt à la gloire éternelle et d'être utile à ses semblables en leur mettant sous les yeux des exemples salutaires. Pour moi, j'aimerais mieux briser ma plume que de raconter des mensonges[1]. » Cette parole honnête sera, pour ainsi dire, le mot d'ordre des historiens chrétiens. Après les invasions barbares, après le morcellement de l'empire et la formation de nouveaux royaumes, les communications étant plus rares et les informations plus difficiles, l'histoire se localise; elle devient la chronique. Mais ce nouveau genre d'annales particulières ne ressemble en rien à celles des temps anciens; il en diffère encore par les mêmes caractères essentiels, qui se perpétuent à travers toutes les révolutions politiques: le sentiment de l'unité, de la solidarité chrétienne, et la probité historique. L'histoire redevient nationale parce que l'univers, un moment réuni sous le même sceptre, se divise de nouveau en nations; mais le lien moral subsiste, l'union est faite sous une autorité plus forte que celle des empereurs, celle de la foi, qui égalise les âmes au lieu de niveler les esprits. L'amour de la patrie inspirera toujours les écrivains, mais il ne les inspirera plus seul; il aura son correctif nécessaire dans l'amour de l'Église, cette grande patrie spirituelle.

---

[1] *Vie de saint Martin.*

Ne croyez pas cependant que je veuille vous présenter les chroniqueurs du moyen âge comme des modèles. A côté de l'avantage considérable que je viens de signaler, ils offrent une quantité de défauts, et j'ai moi-même souffert trop souvent de ces défauts pour ne pas les reconnaître. On reproche avec raison aux uns leur sécheresse et leur laconisme obscur, aux autres leur désordre, leur diffusion, leur style ampoulé. En dehors même des vices de forme, quand ils sortent de leur sujet, de leur époque ou de leur pays, ils tombent dans mille erreurs involontaires, accréditées par la renommée. Quelques-uns, vers la fin de cette période surtout, se laissent encore entraîner par la passion. Comment en serait-il autrement à l'époque des grandes guerres de la France et de l'Angleterre par exemple, quand chaque Français, grand ou petit, seigneur ou vilain, est obligé de prendre parti pour l'héritier des Valois ou pour celui des Plantagenets? Froissart, Monstrelet et leurs pareils sont parfaitement excusables. Un seul chroniqueur important me paraît faire exception, parce qu'il écrit dans un temps moins troublé et qu'il commet sciemment des exagérations ou des fraudes historiques : c'est Matthieu Pâris, qui imite parfois les anciens dans leurs suppositions de discours, mais qui s'éloigne singulièrement d'eux par le dénigrement systématique de son siècle. Voyez, au contraire, les grandes chroniques monastiques, les récits des croisades, les biographies royales ou princières, Éginhard, Suger, Ordéric Vital, Villehardouin, Joinville: vous y trouvez parfois un esprit trop local, des éloges intéressés, et ce qu'on appelle aujourd'hui l'empire des préjugés; mais, le plus souvent, quel honnête respect pour le droit, quelle liberté d'allure et de jugement, et, par-dessus tout, quelle bonne foi!

Le mouvement intellectuel de la Renaissance ne fut pas, quoi qu'on en ait dit récemment[1], favorable à l'étude du passé de notre pays. Toutes les forces vives de l'esprit humain furent détournées vers l'antiquité; c'est alors qu'on inventa ce nom de moyen âge, qui signifiait une transition entre deux ères de grandeur, une nuit froide entre deux jours brillants; c'est alors que les auteurs païens devinrent les maîtres de l'éducation, et furent appelés les *classiques* par excellence. L'imprimerie à son début fut presque uniquement employée à propager leurs œuvres. En effet, après les éditions primitives de nos principales chroniques, celles de Grégoire de Tours, d'Aimoin, de Froissart et deux ou trois autres, il s'écoule près d'un siècle avant la reproduction de ces éditions et les premières recherches sur l'histoire de France. Je ne vois donc pas du tout que le courant d'idées de la Renaissance ait produit la grande rénovation historique dont je parlerai tout à l'heure. Les héritiers de l'école du xvie siècle se retrouvent bien moins dans les rangs de l'érudition moderne que dans l'école bâtarde du xviiie, composée d'historiens littérateurs avant tout, à l'instar de ceux de Rome, dont l'exacte imitation faisait leur gloire. Sous Louis XIV, Mézeray en est encore à mettre une harangue à la Tite-Live dans la bouche de Jeanne d'Arc sur le bûcher. Ses successeurs jusqu'au fameux Anquetil, à grand'peine détrôné dans la génération qui nous a précédés, n'entendent rien au moyen âge et ne se piquent point de le mettre en lumière. Mably ne voit que l'antiquité, et, s'il s'occupe de la France, c'est pour faire valoir par la comparaison les mœurs et les vertus de Sparte. C'est

---

[1] *Revue historique.*

là, en effet, toute la pensée des philosophes : revenir au paganisme dans la littérature, dans les arts, dans la politique, dans les mœurs ; ne tenir, par conséquent, aucun compte des âges chrétiens et les faire oublier ; système qui s'est perpétué jusqu'à nos jours sous différentes formes, quoique rejeté par le monde érudit. L'abandon de notre histoire nationale, dans cette période, est dû encore à d'autres causes. Au xvie siècle, les chroniqueurs, les rédacteurs de mémoires, les savants même, enveloppés dans la grande lutte religieuse, ou bien n'ont pas le temps de remonter en arrière, ou bien, s'ils le font, ne songent qu'à tirer du passé des armes pour leur parti ; aux deux suivants, les passions jansénistes, gallicanes, parlementaires font à leur tour délaisser et mépriser le moyen âge. Mais heureusement, à cette époque même, commence dans l'ombre un mouvement de juste réparation ; je dis dans l'ombre, parce que l'éclat jeté par ses promoteurs ne dépassa pas d'abord le cercle restreint des érudits et n'atteignit pas le grand public.

Vous devinez, Messieurs, que je veux parler de l'école bénédictine. Par ces mots « l'école bénédictine », il ne faut pas entendre seulement les travaux gigantesques de la congrégation de Saint-Maur, des Mabillon, des Martène, des Ruinart, des Montfaucon, des d'Achery, des Rivet, des Sainte-Marthe ; il faut leur associer leurs émules de la Société de Jésus, les Sirmond, les Labbe, les Bolland, et quelques savants laïques, comme les du Cange, les Duchesne, les Baluze, pléiade laborieuse et modeste, dont les Bénédictins sont le centre et le sommet. Ces hommes intelligents ne firent pas de l'histoire proprement dite ; mais ils comprirent la nécessité de préparer le terrain aux historiens à venir par deux opérations aussi colossales que délicates : la publication et la critique des sources historiques, oubliées dans une foule de manuscrits dont on avait perdu l'intelligence. Quand eurent paru le *Recueil des historiens de France*, la *Gaule chrétienne*, les *Actes des Saints*, l'*Histoire littéraire*, le *Glossaire de la basse latinité*, le *Traité de diplomatique*, et tant d'autres monuments qu'une patience merveilleuse pouvait seule exécuter, on put dire qu'une nouvelle science était née. Leurs auteurs laissaient au XIXe siècle le soin de la développer, de la perfectionner, de lui donner sa forme définitive ; mais ils avaient déjà fondé une belle et grande chose : ils avaient fait, je le répète, une science de ce dont on avait fait jadis un art ; œuvre d'autant plus méritoire qu'il leur fallut, pour la réaliser, rompre à la fois avec la tradition antique et avec les tendances de la masse de leurs contemporains.

Notre siècle n'a point failli à la tâche qui lui était léguée ; il peut s'en enorgueillir à plus juste titre que de bien des conquêtes de l'esprit moderne. Oui, Messieurs, ce sera un des progrès les plus glorieux de cette époque de progrès, que la fixation et l'application des règles de la critique historique. Aujourd'hui, grâce aux continuateurs des Bénédictins et de leurs collaborateurs, grâce aux travaux incessants de l'Académie des inscriptions et belles-lettres, de l'École des chartes, qu'on a appelée une pépinière de Bénédictins civils, et d'autres institutions plus récentes dont elle a fourni l'idée, le modèle et jusqu'aux éléments, grâce aussi au concours de l'érudition allemande, à la renaissance de la célèbre congrégation dans l'abbaye de Solesmes, à l'initiative de plusieurs sociétés savantes et à quantité d'efforts isolés, dont l'ensemble a produit une impulsion puissante, l'histoire de notre pays (je ne m'occupe que de celle-là) a été transformée par une série de découvertes. Je ne sais si la chimie, si les sciences positives, dont on vante la marche rapide, ont fait un aussi grand pas : c'est pourquoi l'on a pu proclamer déjà que le siècle de la vapeur et de l'électricité était avant tout le siècle de l'histoire. Pour se convaincre de cette vérité, il suffit de comparer ce qui s'écrivait il y a cinquante ans avec ce qui s'écrit actuellement. Un historien qui se respecte, et qui respecte le public, ne peut plus se borner à de beaux récits et à de belles phrases. Il faut fournir ses preuves; il faut citer des sources, des témoignages contemporains, et ces témoignages mêmes, il faut en peser la valeur, les analyser, les disséquer, non-seulement à l'aide de la somme des notions acquises, mais en y ajoutant, autant que possible, des lumières nouvelles. C'est ce qu'ont fait entre autres Guérard, Pardessus, dom Guéranger, et, dans une mesure plus discutable, Augustin Thierry, Guizot, Ozanam, Montalembert. C'est ce que font (si vous me permettez, Messieurs, de descendre jusqu'aux vivants) des hommes dont je m'honore d'être le disciple, ou l'admirateur, ou l'ami, le cardinal Pitra, MM. Natalis de Wailly, Léopold Delisle, de Rozière, Paris, Jourdain, Boutaric, Léon Gautier, etc., et derrière eux toute une jeune génération formée à leurs leçons. Toutefois (ces noms vous l'indiquent), ce sont plutôt des points particuliers, des questions ou des époques spéciales qui ont été l'objet de recherches profondes et d'éclaircissements lumineux. La nature des choses le veut ainsi; l'histoire générale d'un pays comme le nôtre est un sujet beaucoup trop vaste pour être traité de cette façon par un seul homme. Aussi voyons-nous nos historiens les plus connus, les plus populaires, ceux qui ont voulu résumer en quelques volumes le passé si rempli de la France, rester dans une infériorité marquée, au point de vue du fond, sinon de la forme. La préoccupation littéraire, l'esprit de routine ou de système, et parfois, je dois le déclarer, des passions auxquelles une profession si noble devrait toujours rester étrangère, ont contribué à les maintenir presque tous en dehors du grand renouvellement de la science. Que dirons-nous, si nous en venons aux livres, plus répandus encore, que l'on met dans les mains de nos enfants, à ces manuels, à ces ouvrages illustrés, qui en sont restés aux préjugés et aux pauvretés du siècle dernier? Ces livres usuels, avouait Augustin Thierry, « réunissent d'ordinaire à la plus grande vérité chronologique (c'est déjà trop d'honneur) la plus grande fausseté historique qu'il soit possible d'imaginer. L'opinion publique, en histoire, est ou radicalement faussée ou entachée de quelque fausseté. » Où avons-nous puisé, tous tant que nous sommes, nos premières notions sur cette matière essentielle, sinon dans des abrégés et à l'aide de programmes basés sur ce principe des encyclopédistes, qu'il n'y a rien à retenir du passé de la France avant le règne d'Henri IV? La routine est encore la maîtresse de l'éducation classique. Quant aux publications populaires, sauf d'honorables exceptions, elles ne sont le plus souvent que des instruments de propagande politique : leur niveau scientifique est au-dessous de tout ce que l'on peut imaginer; mieux vaut ne point sonder ces bas-fonds.

Reconnaissons donc, Messieurs, qu'il reste encore beaucoup à faire dans le domaine historique, surtout au point de vue des travaux d'ensemble. Les grands défrichements sont à peu près opérés, les instruments sont préparés, la méthode éprouvée. Nous avons des éléments qui manquaient à l'antiquité et au moyen âge : notre conception de l'histoire est infiniment supérieure à celle des païens ; nos moyens d'information et notre goût sont beaucoup plus sûrs que ceux de nos pères. Que notre ardeur, que notre sincérité égalent la leur, et nous pourrons encore réaliser des progrès importants. C'est précisément de l'histoire générale de notre patrie que nous avons à nous occuper ici. Nous tâcherons d'y introduire l'esprit de critique et d'investigation qui lui a trop souvent manqué, en réunissant dans un même faisceau les lumières conquises jusqu'à ce jour par les études particulières des érudits, et en y joignant, s'il est possible, notre faible contingent.

Je dois répondre, à ce propos, à un singulier raisonnement de l'école rationaliste (car le rationalisme militant a, vous le savez, fait de l'histoire un de ses camps retranchés), raisonnement qui consiste à refuser à ses adversaires la liberté d'esprit nécessaire pour juger sainement et froidement les événements passés. « Vous êtes catholiques, vous ne pouvez être impartiaux ; » voilà ce que j'ai quelquefois entendu dire, ce que j'ai même vu écrire par des confrères fort estimables, dont je ne suspecte pas plus la bonne foi qu'ils ne suspectent la mienne. Eh bien ! oui, nous sommes catholiques, nous le déclarons hautement. Mais vous tous, qui nous opposez cette fin de non-recevoir, n'êtes-vous pas philosophes, athées, protestants, libéraux ? Est-ce que l'une ou l'autre de ces opinions ou toutes ensemble peuvent revendiquer le monopole de l'impartialité, de la justice, de la largeur de vues, à l'exclusion des seuls catholiques ? Donnent-elles même l'exemple de la modération ? et de quel côté voit-on les jugements les plus passionnés, les idées de parti les plus accusées ? — Mais il ne faut pas de parti en histoire ; nous voulons être indifférents à tout, pour prononcer dans une sereine équité. — Vous voulez être indifférents, mais vous ne le pouvez pas. L'indifférence, telle que vous la concevez, serait déjà de l'hostilité. « Celui qui n'est pas avec moi est contre moi, » a dit la Sagesse suprême. Je vous défie, d'ailleurs, d'écrire trois pages sur une question controversée sans laisser percer vos tendances. Une telle abnégation de soi-même n'est point donnée à l'homme, et moins que jamais en des temps aussi agités que le nôtre. Laissez donc les catholiques travailler comme leurs adversaires au grand édifice historique. Ce monument offre heureusement un grand nombre de faces où chacun peut mettre la main sans faire intervenir ses croyances, et qui ne prêtent point au choc des principes. Quant aux autres, apportez vos pierres, ils apporteront les leurs ; produisez vos textes, ils produiront les leurs ; exposez vos arguments, ils exposeront les leurs. Les meilleurs finiront bien par triompher, et la vérité, but commun de nos efforts, brillera un jour d'un éclat sans nuage. Restons seulement dans les limites de la sincérité et de la charité ; combattons les doctrines, non les individus, et surtout n'accusons personne, sans les motifs les plus graves, de violer sa propre conscience.

J'ai voulu retracer à grands traits ce qu'avait été l'histoire nationale dans le passé, ce qu'elle était actuellement chez nous, avant de vous expliquer, Messieurs, comment elle serait traitée dans cette chaire. Il me reste à remplir cette dernière partie de ma tâche, à vous faire connaître le programme que nous suivrons ensemble, si vous le voulez bien. Appelé à une mission que je regarderais volontiers comme un sacerdoce, tant j'attache d'importance à l'enseignement, je me sentirais profondément incapable de supporter un pareil poids si le secours d'en haut, si votre propre indulgence ne venaient à mon aide. Une confiance presque gratuite, dont je me trouve honoré plus que je ne puis dire, a remis en mes mains ce fardeau. Pour ne pas le laisser tomber, j'ai pensé d'abord qu'il était nécessaire de le diviser. L'histoire de France, même envisagée d'une manière générale, est un domaine dont toutes les parties ne peuvent être exploitées à la fois, ni dans un ordre bien régulier. Ici, d'ailleurs, nous sommes dispensés de suivre la marche des temps. Nous prendrons donc pour sujet de nos premières études une de ces époques saillantes qui résument en elles un état de choses séculaire, qui sont l'expression synthétique d'une grande période. Ce sera le XIIIe siècle, point culminant du moyen âge, sommet de la montagne, après lequel on descend par une pente de plus en plus rapide vers notre régime actuel ; et dans ce siècle important, ce sera spécialement le règne de saint Louis, de ce roi qui est lui-même le type le plus achevé de son temps, et dont le gouvernement est resté, comme l'a dit un de nos savants académiciens, « un modèle toujours proposé, jamais atteint. » Cette époque a été, je le sais, très-étudiée, très-fouillée déjà ; elle a été l'objet de travaux fort sérieux, anciens et récents. Ces travaux viendront appuyer ma faiblesse, et nous essaierons de les fondre, de les concilier, de les compléter. Mais nous nous garderons de refaire ce qui a été fait tant de fois, le récit chronologique des actions du roi, de ses combats et de ceux des princes contemporains. D'ailleurs, l'histoire-bataille, comme on l'a définie par une syncope heureuse, n'est plus de mise aujourd'hui. L'esprit moderne, à l'opposé de l'antiquité, considère dans le passé autre chose que les conquêtes et les victoires. Il veut pénétrer dans la vie intime des sociétés éteintes, connaître la condition de leurs différentes classes, les mœurs et l'existence du peuple ; curiosité engendrée quelquefois par l'idée démocratique, mais plus conforme encore au principe chrétien, source de la véritable égalité. Nous exposerons donc l'*État social de la France au* XIIIe *siècle, particulièrement sous saint Louis;* c'est là le titre adopté pour ce cours, titre que nous nous efforcerons de justifier dans ses différentes significations. Nous passerons en revue toutes les classes de la nation, depuis la plus élevée jusqu'à la plus humble, en examinant ce que chacune d'elles pouvait être en droit et en fait, et surtout quels furent ses rapports avec le prince dont l'imposante figure doit dominer un pareil sujet.

Et d'abord, à la tête de la société, nous trouvons l'Église. Alors plus que jamais, elle occupe une place considérable, la première sans contredit. Elle est arrivée, au XIIIe siècle, à l'apogée de sa puissance ; mais déjà elle est en butte, à l'intérieur comme à l'extérieur, à des animosités, à des attaques dont elle ne sortira pas toujours saine et sauve. La papauté exerce encore une prépondérance incontestée ; toutefois les germes de la désunion qui doit éclore au siècle suivant entre elle et la société temporelle commencent à se manifester. Des seigneurs, des légistes, des clercs même troublent un accord qui avait été longtemps la base essentielle de l'organisation sociale. En France, l'esprit d'opposition n'atteint pas la région du pouvoir, car le roi ne s'appelle pas encore Philippe le Bel et ne s'appellera jamais Frédéric II. Cependant le rôle de saint Louis vis-à-vis de l'autorité pontificale a besoin d'être étudié et défini. Vous n'ignorez pas qu'il a été jugé de plusieurs façons différentes, qu'il a donné lieu à d'ardentes polémiques, dans lesquelles sont engagés des intérêts fort graves. La question est donc des plus délicates ; et cependant il semble que le caractère du roi, sa piété, ses relations cordiales avec les papes de son temps, les faveurs qu'il a reçues d'eux, doivent en rendre la solution facile. C'est, dans tous les cas, un de ces sujets attachants que notre époque recherche avec un empressement bien naturel, et qui ont le don de passionner la critique ; nous tâcherons de le traiter avec la mesure qui convient en pareille matière. La situation des évêques et du clergé en général, leurs rapports officiels ou officieux avec la papauté d'une part, avec la royauté de l'autre, sont aussi des points d'une haute importance. L'Église ayant consacré la mémoire de saint Louis, l'ayant par là proposé comme modèle à ses successeurs, il est on ne peut plus intéressant de constater quels principes, quelle ligne de conduite elle a entendu approuver dans sa personne ; il est nécessaire de savoir si définitivement il a été le précurseur du système appelé plus tard du nom assez impropre de gallicanisme. En dehors du clergé séculier, nous aurons à considérer les ordres monastiques, alors si nombreux et si florissants, la décadence et le relâchement des uns, la naissance et la prospérité des autres. Avec les richesses dont la piété séculaire des princes et des fidèles les avaient comblés, beaucoup de monastères avaient laissé pénétrer chez eux le luxe et l'indiscipline. Les prescriptions des papes et des conciles devenaient impuissantes à maintenir la barrière salutaire qui séparait le cloître du monde. Une réforme était indispensable, et les hérétiques allaient peut-être s'emparer de ce mot de réforme, comme ils le firent trois cents ans plus tard, pour s'en fabriquer un drapeau ; ils l'arboraient même déjà : mais Dieu ne permit point qu'un Luther surgît à côté de saint Louis, et il suscita deux réformateurs d'un tout autre genre. Le réveil du véritable esprit monastique, de l'esprit de pauvreté et de sacrifice, l'impulsion donnée à la prédication, aux missions lointaines, à l'enseignement, furent les premiers résultats de la double fondation de saint François et de saint Dominique. Le roi de France encouragea de toutes les manières les efforts de leurs disciples; il s'entoura de Frères Prêcheurs et de Frères Mineurs, au point de faire dire un jour de lui qu'il n'était bon qu'à porter le capuchon. Nous verrons si cette imputation était fondée, et quelles furent les raisons ou les conséquences de cette faveur extraordinaire. L'inquisition, dont on a voulu faire l'attribut capital des Dominicains, ne sera pas un épouvantail capable d'arrêter nos recherches; nous entreprendrons à notre tour une inquisition, c'est-à-dire une enquête, sur cette institution si décriée, et nous saurons en proclamer le résultat quel qu'il soit.

Après l'Église, la royauté tient le premier rang parmi les puissances de ce monde. La royauté ne forme pas, il est vrai, une classe sociale, ou du moins c'est une classe qui ne comprend qu'un individu. Mais elle a tous les droits à figurer à cette place dans notre programme, puisqu'elle dirige et gouverne tout le reste de la société. Dans quelle mesure, précisément, gouvernait-elle? Quelles étaient la nature, l'étendue, les attributions du pouvoir royal? Chapitre préliminaire à traiter, avant d'aborder le caractère particulier de la royauté de saint Louis et les modifications apportées par lui à son exercice. Les expéditions militaires nous préoccuperont moins, je l'ai déjà annoncé, que la législation et l'administration intérieure. Nous aurons cependant à suivre les agrandissements ou les diminutions de territoire produits par la politique royale, ses luttes pour la centralisation du pouvoir souverain, ses empiétements (il faut dire le mot) sur les autorités locales ou seigneuriales, et en même temps ses rapports diplomatiques avec les pays voisins. La personnalité du roi, ses mœurs, ses habitudes, son esprit, qui influèrent considérablement sur les événements de son temps, au point que l'on pourrait appeler son gouvernement le modèle des gouvernements personnels, attireront à bon droit notre attention, et leur examen nous fera comprendre comment on put voir tant de vertu sur le trône, tant de volonté chez un saint. Ce sont là, en effet, les deux caractères saillants de cette étonnante physionomie. Avec un scrupuleux respect des droits d'autrui, une conscience d'une délicatesse admirable, le pieux roi tend à exercer, non la justice relative des coutumes de son temps, mais la justice absolue ; il met l'équité au-dessus de la légalité ; il fait progresser la loi. S'il consulte son conseil, ce n'est pas toujours pour en suivre l'avis ; il fait prévaloir ses vues contre la routine féodale des barons, et il lui arrive, en promulguant une charte qui pouvait leur déplaire, de laisser échapper, dans le texte même, cette parole typique : « S'ils ne veulent pas, nous les y contraindrons. »

Au-dessous du souverain, la noblesse et la chevalerie forment une caste privilégiée, moins isolée qu'on ne le croit des classes inférieures, car l'accès ne leur en est plus absolument fermé. Il faut, du reste, les distinguer soigneusement l'une de l'autre : la première tient généralement à la naissance ; la seconde s'acquiert, car nul ne naît chevalier. Mais, dans la vie journalière, la noblesse et la chevalerie se confondent ; leurs mœurs, leurs fonctions sont les mêmes ; nous ne pouvons donc diviser deux institutions aussi étroitement unies. Toutes deux commencent à décliner au moment que nous avons choisi. La féodalité perd graduellement la cohérence de son organisation, grâce aux efforts combinés de la royauté et du peuple. La chevalerie n'a plus cette ardeur des premiers jours qui faisait d'elle, conformément à la pensée de ses fondateurs, le rempart de la chrétienté contre les infidèles. Déjà l'épopée cède le pas aux romans de la Table-Ronde, le chevalier de fer au chevalier de plâtre, suivant l'expression mordante d'un prédicateur contemporain. Un autre signe de cette tendance, c'est la défaveur où tombe, vers la fin du règne de saint Louis, la grande idée des croisades, que nous ferons rentrer dans ce chapitre, comme n'étant autre chose que la chevalerie en exercice. Des critiques timides s'élèvent contre ces expéditions trop souvent désastreuses. La dernière surtout rencontre une opposition marquée chez les seigneurs, et le fidèle compagnon d'armes du roi, son ami et son conseiller, Joinville lui-même, refuse de retourner avec son maître au pays inhospitalier des mécréants. Évolution curieuse de l'esprit humain, dont nous aurons à rechercher les causes et les conséquences.

En descendant d'un échelon dans la hiérarchie sociale, nous rencontrons la bourgeoisie; la bourgeoisie déjà riche et honorée, mais aussi déjà gonflée de prétentions. Elle prend une part considérable à l'administration locale, et sait, au besoin, défendre ses droits par les armes. On a jusqu'ici considéré trop exclusivement, dans les communes, la somme de libertés qu'elles apportaient au peuple; il faut placer en regard les libertés qu'elles supprimaient, ou plutôt les petites tyrannies, les taxes, les vexations qu'elles imposaient. Elles jetaient parfois un tel germe de discorde, que l'on vit certaines populations demander la suppression de leur charte communale. Néanmoins, il est certain que la classe moyenne prit alors un développement remarquable. Il sera intéressant d'en suivre les phases et d'étudier dans quelle mesure la royauté s'y associa.

Toutes les conditions inférieures peuvent être réunies sous la dénomination de classe populaire. Dans cette catégorie, les hôtes, les vilains, les serfs sont autant de variétés à distinguer; les artisans seront réservés pour une division ultérieure. Par suite de la multiplication des affranchissements, les serfs, au XIIIe siècle, sont réduits à un assez petit nombre, et parmi eux il y a encore bien des différences à constater. Certaines provinces, comme la Normandie, ne comptent plus un seul serf. Dans les autres, l'intervention du roi et celle de l'Église généralisent de plus en plus l'affranchissement. En même temps que la position légale des diverses fractions du peuple, il nous faudra envisager leur état moral et intellectuel, leurs idées, leurs croyances, leurs superstitions, les moyens employés par la charité pour adoucir leur sort; et comme la grande majorité d'entre elles se composait d'habitants des campagnes, nous jetterons un coup d'œil sur les travaux rustiques et sur la situation générale de l'agriculture.

L'agriculture nous conduit par une transition facile à l'industrie et au commerce. Les corporations ouvrières sont un sujet d'étude assez à la mode aujourd'hui; nous pénètrerons, autant que possible, dans leur organisation, dans leur vie intime, et nous reconnaîtrons que l'activité industrielle, sinon le perfectionnement des procédés, progressait rapidement. Le commerce extérieur, favorisé par les croisades, prenait une extension lointaine. Le commerce intérieur, encore paralysé par une quantité de péages et d'impôts particuliers, se développait cependant, grâce à la protection officielle accordée aux foires et marchés, et grâce aussi à des moyens moins dignes d'approbation, car les marchands pratiquaient la fraude avec un art si ingénieux et si naïf en même temps, que notre époque demeure, sous ce rapport au moins, dans une infériorité marquée. A cette matière se rattache naturellement l'usure, pratiquée surtout par les Juifs : la doctrine de l'Église et la rigueur bien connue de saint Louis sur ce point sont des questions qui méritent une attention particulière.

Après avoir parcouru les divers degrés de l'échelle sociale, il nous restera encore à traiter deux sujets importants, qui sont le complément nécessaire des précédents. Le premier, c'est la famille et la vie privée, envisagées d'une manière générale et dans toutes les classes; sous cette rubrique il convient de ranger ce qui se rapporte à la condition des femmes, au mariage, au costume, au luxe, aux habitudes domestiques. Le second, c'est l'enseignement et la vie des écoles : bien que recrutés dans tous les rangs, les écoliers forment encore, momentanément du moins, une population à part, ayant ses règlements et ses priviléges spéciaux. L'instruction publique, sous l'impulsion de l'Université et des ordres mendiants, gagne également en profondeur et en étendue, quoique le cadre des études reste toujours à peu près le même. Pour mieux nous rendre compte de ses progrès, nous examinerons en dernier lieu, si nous avons la possibilité d'embrasser un horizon aussi vaste, l'état des lettres, des sciences et des arts, qui, comme on le sait, s'élèvent sous saint Louis au plus haut point de splendeur qu'ils aient connu dans tout le moyen âge. La théologie et la philosophie scolastiques atteignent alors leur apogée. L'éloquence de la chaire n'est pas plus brillante qu'auparavant ; mais la prédication populaire prend avec les premiers disciples de saint François et de saint Dominique un accroissement si prodigieux, que leur âge pourrait se nommer sans injustice le siècle des sermons. La poésie, l'histoire, la géographie, les sciences naturelles sont cultivées par quelques personnalités d'un mérite fort inégal, mais dont les efforts sont pour nous pleins d'intérêt. Quant à l'architecture, vous savez que le règne de saint Louis offre le type le plus complet, le plus élégant de l'art chrétien. C'est alors que la France possède véritablement un style national, style merveilleux, dont elle a depuis perdu le secret. Mais à qui ai-je besoin de parler de la magnificence de nos cathédrales ou de la beauté de nos cloîtres si improprement appelés gothiques? La sculpture et la peinture sont encore dans l'enfance; pourtant l'idéal de certaine école moderne est de nature à nous faire presque regretter les statues les plus roides et les dessins les plus incorrects. D'ailleurs, la miniature et l'ornementation des manuscrits sont traitées avec un soin, avec une richesse qui nous dédommagent de bien des imperfections. Je voudrais, si j'atteins ce terme de notre programme, vous faire connaître sommairement, avec les chefs-d'œuvre des enlumineurs, ceux des simples scribes, dont la calligraphie arrive quelquefois à l'art à force de patience, et vous initier, à cette occasion, aux éléments de la paléographie, science trop peu répandue. Mais aurons-nous le loisir d'aller jusque-là?

Je dois avertir qu'une partie de notre temps sera prise par l'explication et le commentaire des sources historiques. En consacrant chaque semaine un de nos deux entretiens à l'étude des chroniqueurs contemporains de saint Louis, nous aurons le double avantage de pouvoir contrôler les résultats de l'autre par les textes originaux correspondants, et entremêler facilement à ceux-ci des observations de détail dont la place serait difficile à trouver dans un programme méthodique. Il n'est pas, du reste, de meilleure méthode pour se bien pénétrer de l'histoire d'une époque. Nous commencerons naturellement ces explications par Joinville, le plus fécond, le plus sûr et le plus attachant des biographes. Bien que son livre soit généralement connu, il a besoin d'être interprété, et il reste toujours quelque chose à glaner dans un champ aussi riche. Geoffroi de Beaulieu, Guillaume de Chartres, le confesseur de la reine Marguerite pourront ensuite nous introduire dans la vie intime du saint, et jusque dans sa conscience. Les chroniques ont besoin d'être à leur tour contrôlées par les chartes : nous demanderons à ces documents officiels un dernier tribut d'observations. C'est ainsi que nous compléterons le portrait d'un grand règne, et que nous dirigerons à la fois sur sa physionomie toutes les lumières dont nous pouvons disposer.

Ne vous attendez cependant pas, Messieurs, d'après ces mots, à me voir admirer tout sur notre chemin. Nous ne sommes pas ici pour faire de l'apologie, mais de l'histoire. Tout brillant tableau a ses ombres, et la critique la plus bienveillante n'a nul intérêt à les dissimuler, car elles font mieux ressortir les parties lumineuses, et le blâme des unes ne donne que plus de valeur à l'éloge des autres. D'ailleurs l'Église elle-même, comme on l'a dit depuis longtemps des papes, l'Église n'a besoin que de la vérité, et celui qui voudrait trouver tout parfait à l'époque de sa domination serait un défenseur bien maladroit. Le xiiie siècle, s'il nous offre des aspects admirables, nous montre aussi bien des misères morales ou matérielles ; la violence y règne à côté de la charité, le scepticisme à côté de la foi, l'ignorance à côté de la science, la satire à côté de l'enthousiasme religieux. C'est un temps de grandes luttes, et en cela encore il est le fidèle résumé du moyen âge entier; car pendant mille ans la société nouvelle a eu toutes les fougues, tous les emportements de la jeunesse. Une double transfusion avait été pratiquée, pour ainsi dire, dans ses veines: elle portait en elle le sang du Christ et le sang des barbares; de là des tendances diamétralement opposées, des combats, des chutes lamentables et des relèvements superbes.

Permettez-moi, à ce propos, d'évoquer un souvenir personnel, et, puisque nous en sommes au règne de saint Louis, de finir comme finissaient les orateurs d'alors, par un trait anecdotique. Il y a quatre ans, j'étais allé en Italie pour remplir une mission scientifique, et, en passant par Rome, j'eus le désir bien naturel, quoique présomptueux peut-être, d'obtenir une audience du Père commun des fidèles. Sans que je pusse faire valoir d'autres titres à cet insigne honneur que d'être Français et de me livrer à des recherches historiques, Pie IX me l'accorda avec cette inépuisable bonté qui n'a jamais calculé la fatigue. Il daigna m'interroger sur la nature de mes travaux et me demander de quelle époque je m'occupais. « Du moyen âge, lui répondis-je. — Ah! s'écria le Saint-Père, le moyen âge, c'est une période qui vit beaucoup de bien et beaucoup de mal! » Cette parole si simple, tombée d'une bouche habituée aux grandes vérités, est une définition; elle résume d'une manière aussi concise que possible les ouvrages les plus complets sur la matière.

Au moment où je le quittais, le vénérable pontife prononça encore une de ces phrases frappantes dont il a le secret, et qui pénètrent comme une lame jusqu'au cœur de ses auditeurs. Cette phrase renferme le corollaire le plus juste et la conclusion la plus pratique de toutes les réflexions que m'a suggérées le coup d'œil rétrospectif jeté sur notre histoire nationale. J'exprimais au Saint-Père le vœu que Dieu le conservât de longues années à la France. « Et que la France, répliqua-t-il avec un regard inspiré, se conserve, de son côté, à l'Église ! »

Messieurs, l'avenir comme le passé de notre pays se trouvent dans cet appel fait à sa fidélité. L'union de la France à l'Église est la force de la première encore plus que de la seconde ; elle a été le motif providentiel de la fondation de sa puissance, elle est sa raison d'être. Dieu qui, par une ingénieuse et paternelle délicatesse, fait semblant d'avoir besoin des hommes pour l'accomplissement de ses desseins éternels, Dieu, dès les premiers siècles du christianisme, a voulu associer nos pères à son œuvre et les a chargés tout spécialement d'en assurer le succès. Le sol des Gaules une fois préparé par la conversion de ses anciens habitants, il y a introduit la race franque, plus jeune et plus ardente, et de ces deux éléments réunis il a fait bientôt un seul et même peuple, dont les chefs se sont reconnus eux-mêmes pour les soldats du Christ. Comme autrefois avec les Hébreux, il a signé avec ce peuple, par l'organe des souverains pontifes, un contrat synallagmatique, lui promettant tacitement la grandeur en échange de ses services. Il a fiancé la France à l'Église le jour du baptême de Clovis, et dans cette union volontaire chacune des deux parties s'est constitué un apport, apport inégal, il est vrai, mais destiné à fructifier pour l'avantage commun. Déjà le prologue de la loi salique, rédigé dans la ferveur d'une alliance récente, nous fait entendre, pour ainsi dire, le chant des accordailles : « Vive le Christ, qui aime les Francs ! qu'il protége leur royaume, qu'il affermisse leur foi, qu'il leur donne la paix et la félicité, etc.; car ce sont eux qui ont honoré les corps des martyrs mis à mort par les Romains, et qui les ont enchâssés dans l'or et l'argent. » Et en retour de cette profession éclatante, la puissance est donnée aux Francs. Plus tard, Charlemagne inscrit sur ses monnaies : *Christus vincit, Christus regnat!* Et son empire s'étend à tout l'Occident. Plus tard encore, saint Louis se déclare le sergent de Jésus-Christ; et son royaume devient le plus florissant de l'Europe, et ce royaume, « le plus beau après celui du ciel », comme l'appelaient nos ancêtres, est assuré pour de longs siècles à sa postérité. Notre histoire, on peut le dire, n'offre pas autre chose qu'une longue série de dévouements récompensés, et plus encore, hélas ! d'infidélités punies.

Eh bien ! que le passé nous serve d'exemple, et, selon la parole de l'oracle de la chrétienté, que la France demeure unie à l'Église, si elle ne veut pas périr ! Pour nous, qui ne devons point sortir du cercle des études paisibles, nous nous garderons de séparer dans nos travaux les deux patries que Dieu nous a données à aimer, et dont il voudra, espérons-le, rendre le mariage indissoluble, en dépit de tous les efforts tentés pour le rompre. Ne soyons pas assez téméraires pour diviser ce qu'il a uni : *Quod Deus conjunxit, homo non separet!* Étudions l'Église, étudions la France; que notre programme se résume tout entier dans ces deux grands mots, et qu'il soit la mise en pratique de la vieille devise nationale : *Pro aris et focis!*

7794. — Tours, impr. Mame.

www.ingramcontent.com/pod-product-compliance
Lightning Source LLC
Chambersburg PA
CBHW060541050426
42451CB00011B/1793